AF313321

VENTE

Du Vendredi 25 Novembre 1910

HOTEL DROUOT, SALLE N° 6

A DEUX HEURES

TABLEAUX

ANCIENS ET MODERNES

AQUARELLES, DESSINS, PASTELS

GRAVURES

COMMISSAIRE-PRISEUR

M⁰ HENRI BAUDOIN
Successeur de M. Paul CHEVALLIER

EXPERT

M. JULES FÉRAL

CATALOGUE

DES

TABLEAUX

ANCIENS ET MODERNES

Par ou d'après

BACHELIER, BELLOTTO, BERGHEM, J. BOTH, CALLET, CASANOVA,
G. COQUES, COUTURE, CRANACH, DANLOUX, DAVID,
DELPY, DE MACHY, DE TROY, DROOGSLOOT, DROLLING, DROUAIS,
HUET, JEAURAT, LAMBINET, LANCRET,
LE MOINE, LE PRINCE, LINGELBACH, LONGHI, MEMLING,
MIEREVELT, MIGNARD, VAN ORLEY, PIAZETTA,
RIGAUD, SNYDERS, TOURNIÈRES, VALLIN, VAN LOO,
VOLLON, TH. WYCK, ETC., ETC.

AQUARELLES, DESSINS, PASTELS

GRAVURES

DONT LA VENTE AURA LIEU A PARIS

HOTEL DROUOT, SALLE N° 6
Le VENDREDI 25 NOVEMBRE 1910
à deux heures

<table>
<tr><td>COMMISSAIRE-PRISEUR
Me HENRI BAUDOIN
Successeur de Me P. CHEVALLIER
10, rue Grange-Batelière</td><td>EXPERT
M. JULES FÉRAL
7, rue Saint-Georges
PARIS</td></tr>
</table>

EXPOSITION PUBLIQUE
Le Jeudi 24 Novembre 1910, de 2 heures à 6 heures

CONDITIONS DE LA VENTE

Elle sera faite au comptant.

Les adjudicataires paieront *dix pour cent* en sus des enchères.

Paris. — Imp. de l'Art, Ch. BERGER, 41, rue de la Victoire.

DÉSIGNATION

AQUARELLES, DESSINS
PASTELS, GRAVURES

BOILLY (L.)

1 — *Portrait d'Homme en redingote noire.*
Dessin au crayon noir et à l'estompe.
Signé et daté : *1839.*

BOILLY (L.)

2 à 5 — *Quatre portraits d'Hommes, Femmes
et Enfants.*
Dessins au crayon noir et à l'estompe.
Signés.

BOUCHER (D'après)

6 — *Le Triomphe d'Amphitrite.*
Gravure peinte.

CARESME

7 — *Bacchanale.*

> Dessin à la plume et au lavis d'encre de Chine.

DEBUCOURT (D'après)

8 — *Chacun son tour.*

9 — *Inutile précaution.*

> Deux gravures.

FRAGONARD (D'après)

10 — *L'Escarpolette.*

> Dessin au crayon noir et à l'estompe.

GILLOT

11 — *Cortège d'enfants.*

> Dessin à la sanguine.
> *(Vente de Goncourt, n° 106.)*

GRAVELOT

12 — *Le Colin-maillard.*

> Dessin à la plume rehaussé de sanguine.
> Signé dans la marge.
> Gravé par MARTINET.

GREUZE (Genre de)

13 — *Jeune Fille coiffée d'un bonnet blanc.*

> Pastel.

INGOUF (L'Aîné)

14 — *Jeune Femme assise dans un parc.*

> Dessin au crayon noir et à l'estompe rehaussé de blanc.
>
> Signé à droite et daté : *1793.*

LE BARBIER (L'Aîné)

15 — *Hommage à Voltaire.*

> Dessin au lavis d'encre de Chine et de bistre.
> Signé et daté : *1770.*

MONGIN (Attribué à)

16 — *Temple au bord d'un cours d'eau.*
> Aquarelle.

NETSCHER (Attribué à Gaspard)

17 — *La Partie de cartes.*
> Aquarelle. Signée et datée : *1666.*

ROSALBA (Attribué à)
(DEUX PENDANTS)

18-19 — *Jeunes Femmes en buste.*
> Pastels.

RUSSEL (D'après)

20 — *The dog first sight of himself.*
> Gravure par SCHIVONETTI.

SAINT-AUBIN (Gabriel de)

21 — *Portrait d'Augustin de Saint-Aubin, enfant.*

Dessin à la pierre noire.
(*Vente de Goncourt, n° 257.*)

TRÉMOLLIÈRES

22 — *Enfant endormi.*

Dessin au crayon noir lavé de bistre et rehaussé de blanc sur papier bleu.
(*Vente de Goncourt, n° 318.*)

VAN LOO (Attribué à Carle)

(DEUX PENDANTS)

23 — *Fillettes en buste.*

Dessins au crayon noir rehaussés de pastel.

VERNET (Attribué à Joseph)

24 — *Figures de pêcheurs.*

Dessin au crayon noir.

WILLE (P. A.)

25 — *La Visite à la jeune mère.*

Dessin à la sanguine.
Signé et daté : *1767.*
(*Vente de Goncourt, n° 360.*)

ÉCOLE FRANÇAISE (xviie siècle)

26 — *La Résurrection.*

Dessin à la sanguine et au lavis d'encre de Chine.

ÉCOLE FRANÇAISE (xviiie siècle)

(DEUX PENDANTS)

27-28 — *Ruines et figures.*

> Dessins à la sanguine.
> Datés : *Roma, 1762.*

ÉCOLE HOLLANDAISE

29 — *Personnages dans un intérieur rustique.*

> Dessin au lavis de bistre et d'encre de Chine.

ÉCOLE ITALIENNE

30 — *La Prédication.*

> Dessin à la plume et à l'encre de Chine.

ÉCOLE MODERNE

31 — *Un Joueur de guitare.*

> Dessin à la plume.

32 — Lot de dessins et gravures.

TABLEAUX ANCIENS
ET MODERNES

ALLORI (Attribué à)

33 — *Portrait d'homme en pourpoint noir.*

ANDRÉ (J.)

34 — *Paysage avec figures au bord d'un cours d'eau.*

Signé à droite.

BACHELIER

35 — *Fillette caressant son chien.*

BARON (Genre de)

36 — *La Conversation dans le parc.*

[BELLOTTO (Genre de)

37 — *La Place Saint-Marc à Venise.*

BERGHEM (École de Nicolas)

38 — *Paysage avec bergers et animaux sur une route.*

BLIN DE FONTENAY (Attribué à)

39 — *Fleurs et Fruits sur une table.*

BLOEMEN (Attribué à Pierre Van)

40 — *Le Marché aux chevaux.*

BONINGTON (Genre de)

41 — *Pêcheurs sur une plage.*

BORIONE

42 — *La Partie de musique.*
Signé à gauche et daté : *1907.*

BOTH (D'après Jean)

43 — *Paysage d'Italie.*

CALLET

44 — *Projet de plafond.*

CARRACHE (D'après Louis)

45 — *La Flagellation.*
Peinture sur marbre.

CASANOVA
(DEUX PENDANTS)

46 — *Chocs de cavalerie.*

CHAPLIN (A.)

47 — *Corbeille de fleurs sur une table de marbre.*
Signé et daté : *1901.*

CHARPENTIER (Attribué à)

48 — *Prince, jeune femme et enfant dans un parc.*

COELLO (Attribué à Sanchez)

49 — *Portrait d'un infant d'Espagne.*

COQUES (Gonzalès)

50 — *Jeune gentilhomme en buste.*
Cadre en bois sculpté.

COULAUD (M.)

51 — *Troupeau de moutons fuyant l'orage.*

COULAUD (M.)

52 — *La Bergerie.*
Signé à gauche.

COUTURE (Attribué à Th.)

53 — *Nymphe et Satyre.*

CRANACH (École de)

54 — *Personnages autour d'une table.*

DAGOTY (Attribué à Gauthier)

55 — *Jeune homme tenant un crayon.*

DANLOUX (Attribué à)

56 — *Jeune femme coiffée d'un voile blanc.*

DAVID (École de)

57 — *Portrait d'homme en buste.*

DAVID (École de)

58 — *La Mort de Marat.*

DELEN (Genre de Van)

59 — *Intérieur de palais.*

Peinture sur cuivre.

DELPY (H.-C.)

60 — *Les Bords de l'Oise.*

Signé à droite.

DE MACHY (Attribué à)

61 — *La Place Saint-Pierre à Rome.*

DE TROY (François)

62 — *Portrait d'un magistrat.*

DROOGSLOOT

63 — *Mendiants à la porte d'un château.*

DROLLING (Attribué à)

64 — *Ménage d'artistes.*

DROUAIS (Attribué à)

65 — *Buste d'homme.*

GAINSBOROUGH (D'après)

66 — *Portrait de femme coiffée d'un bonnet de dentelles.*

GÉRARD (Genre de Mlle)

67 — *Jeune femme coiffée d'un bonnet.*

GRANET

68 — *Intérieur d'une grange.*

GROS (Attribué à)

69 — *Officier des guides.*

HOGARTH (Attribué à)

70 — *Le Colin-maillard.*

HUET (Attribué à J.-B.)

71 — *Bergère et Enfant.*

JEAURAT (Attribué à)

72 — *Jeune Femme et Fillette dans un intérieur.*

KOEKKOEK

73 — *Marine.*

Signé : *H.-B. Koekkoek, 1820.*

LAMBINET (ÉMILE)

74 — *Pêcheurs au bord d'une rivière.*

LANCRET (D'après)
(DEUX PENDANTS)

75 — *Figures dans un parc.*

LEBRUN (Ch.)

76 — *Allégorie de la Peinture et de la Musique.*

LEFEBVRE (Attribué à Claude)

77 — *Un Précepteur et son élève.*

LEMOINE (École de Fr.)

78 — *Diane découvrant la grossesse de Callisto.*

LEPRINCE (Attribué à J.-B.)

79 — *L'Étable.*

LEPRINCE (Genre de J.-B.)

80 — *Scène d'Orient.*

LÉVY (Émile)

81 — *Portraits de Fillettes.*

LINGELBACH (Attribué à)

82 — *Paysan italien prenant une collation.*

LONGHI (Attribué à)

83 — *Salle de fêtes animée de nombreux per-
nages.*

MARGRY

84 — *Couronne de fruits.*

MEMLING (D'après)

85 — *La Vierge portant l'Enfant Jésus.*
Fond de paysage avec constructions et figures.

MIEREVELT (Genre de)

86 — *Portrait d'un Officier.*

MIGNARD (École de)

87 — *Portrait de Femme tenant une fleur.*
Cadre ovale en bois sculpté.

MONNOYER (Attribué à BAPTISTE)

88 — *Vase de fleurs.*

MORO (Attribué à ANTONIO)

89 — *Portrait présumé d'Anne de Boleyn*

NATTIER (École de)

90 — *Portrait de Femme tenant un livre entr'ouvert et une montre.*

NATTIER (Genre de)

91 — *Portrait présumé de la Duchesse de Bouillon.*

NETSCHER (Genre de G.)

92 — *L'Entretien galant.*

NOZAL (A.)

93 — *Bord d'étang.*

Signé à droite.

ORLEY (École de Van)

94 — *Judith.*

OSTADE (Attribué à Isaac Van)

95 — *L'École.*

PAGNEST (J.-B.)

96 — *Portrait du chirurgien Larrey*

PIAZETTA

97 — *Le Mendiant.*

POUSSIN (Attribué à Guaspre)

98 — *Paysage d'Italie avec pêcheurs au premier plan.*

POUSSIN (École du)

99 — *Paysage historique.*

PRIMATICE (École du)

100 — *Judith.*

RAFFET (Attribué à)

101 — *Officier des Guides.*

REGNAULT (Attribué au Baron)

102 — *Portrait d'Homme en habit vert.*

REMBRANDT (École de)

103 — *Portrait d'un Rabbin.*

REMBRANDT (École de)

104 — *Rabbin en buste.*

RIGAUD (École de)

105 — *Portrait d'Homme portant un manteau jaune sur un habit rose.*

Cadre en bois sculpté.

RIGAUD (École de)

106 — *Portrait d'Homme en longue perruque poudrée et manteau rouge.*

RIGAUD (École de)

107 — *Portrait d'Homme en habit rouge.*

RUBENS (École de)

108 — *Portrait d'Homme coiffé d'une toque noire.*

RUBENS (D'après)

109 — *Portraits de Femme et d'Enfant.*

SAUVAGE (Genre de)
(DEUX PENDANTS)

110-111 — *Jeux d'amours.*

SCHEFFER (Attribué à ARY.)

112 — *Buste d'homme.*

SNYDERS (D'après)

113 — *Tigre attaqué par des chiens.*

TENIERS (École de DAVID)

114 — *Les Musiciens.*

TOURNIÈRES (Attribué à)

115 — *Portrait d'Homme en habit rouge galonné d'or.*

VALLIN

116 — *Énée mendiant pour son père Anchise.*

VAN LOO (Attribué à CARLE)

117 — *Portrait de Femme en vestale.*

VAN LOO (Attribué à CARLE)

118 — *Portrait d'un Officier.*

VERNET (D'après HORACE)

119 — *Portrait de Charles X.*

VERNET (Genre d'HORACE)

120 — *La Barrière de Clichy*.

VOISARD-MARGERIE

121 — *Animaux au pâturage*.
Signé et daté : *1904*.

VOLLON (ALEXIS)

122 — *Jeune fille tricotant*.

WAPPERS

123 — *Portrait d'homme tenant un livre*.

WYCK (THOMAS)

124 — *Le Philosophe*.

ÉCOLE ALLEMANDE

125 — *Portrait d'un maréchal*
126 — *Portrait d'un prélat*.

ÉCOLE ANGLAISE

127 — *Enfants jouant dans un parc*.

ÉCOLE FLAMANDE (XVIIe siècle)

128 — *Amours tenant un candélabre*.
Grisaille.

ÉCOLE FLAMANDE (XVIIe siècle)

129 — *Le Retour de l'Enfant prodigue*.

ÉCOLE FLAMANDE

130 — *Portrait d'un officier.*
Peinture sur cuivre.

ÉCOLE FLAMANDE

131 — *Caravane en marche.*

ÉCOLE FRANÇAISE (xvie siècle)

132 — *Portrait présumé de Michel de Montaigne.*

ÉCOLE FRANÇAISE (xviiie siècle)

133 — *Portrait de Ducis.*

ÉCOLE FRANÇAISE (xviiie siècle)

134 — *La Malade.*

ÉCOLE FRANÇAISE (xviiie siècle)

135 — *Jeune femme en corsage rose.*
Toile de forme ovale.

ÉCOLE FRANÇAISE (xviiie siècle)

136 — *Portrait d'homme en habit vert.*
Toile de forme ovale.

ÉCOLE FRANÇAISE

137 — *Vénus à sa toilette.*

ÉCOLE FRANÇAISE

138 — *Amour tenant une torche.*

ÉCOLE FRANÇAISE

139 — *Portrait de Femme tenant une fleur.*

ÉCOLE FRANÇAISE

140 — *Baigneuse.*

ÉCOLE FRANÇAISE

141 — *Portrait de l'empereur Alexandre Ier de de Russie.*

ÉCOLE FRANÇAISE

142 — *Jeune Femme en buste, un manteau rouge sur l'épaule droite.*

ÉCOLE FRANÇAISE

143 — *Paysage avec constructions et figures.*

ÉCOLE FRANÇAISE

144 — *Statuette, montre et coquillages.*

ÉCOLE FRANÇAISE

145 — *Un Chien blanc.*

ÉCOLE FRANÇAISE

146 — *Fillette accoudée sur un balcon.*

ÉCOLE FRANÇAISE

147 — *Jeune garçon tenant une pomme.*

ÉCOLE FRANÇAISE
(DEUX PENDANTS)

148-149 — *Bouquets et guirlandes de fleurs sur fond vert.*

Deux panneaux décoratifs.

ÉCOLE HOLLANDAISE (XVIIe siècle)

150 — *Jeune mère, enfant et amour tenant des raisins.*

ÉCOLE HOLLANDAISE (XVIIe siècle)

151 — *Sujet galant.*

ÉCOLE HOLLANDAISE (XVIIe siècle)

152 — *Joseph et la femme de Putiphar.*

ÉCOLE HOLLANDAISE

153 — *Portrait d'homme coiffé d'un chapeau noir.*

ÉCOLE ITALIENNE

154 — *Le Repos.*

ÉCOLE ITALIENNE

155 — *Portrait d'homme vêtu de noir.*

ÉCOLE MILANAISE

156 — *Femme assise.*

ÉCOLE MODERNE

157 — *Personnages réunis autour d'une table.*

ÉCOLE NAPOLITAINE

158 — *Jeune femme coiffée d'un bonnet blanc.*

ÉCOLE VÉNITIENNE

159 — *Portrait d'un jeune prince.*

ÉCOLE VÉNITIENNE

160 — *Euterpe.*

161 — Sous ce numéro, qui sera divisé, seront vendus des dessins et tableaux non catalogués.